Anne-Cécile Fichaux

La cuisine des Ch'tis

«Ravisez comme ch'est bieau
Pour un jour ed'fiête, ou bin d'ducasse,
Quand l'taïonne all'décope ech' gâtieau
Pour in faire el-partache!»

Regardez comme c'est beau
Pour un jour de fête ou de kermesse
Quand la grand-mère coupe le gâteau
Pour le partager

Dormonval

Mémoire d'une Ch'ti en exil

« Le Nord, te brais quand t'arrives, te brais quand te pars. »

Émerveillée dès que je vois une maison en briques, ou mieux, dès que j'aperçois les deux terrils d'Hazebrouck depuis l'autoroute qui me ramène *« chez moi »*... il va sans dire que je suis nostalgique du Nord.

Déracinée à 11 ans, exilée en Bretagne, je fus présentée à l'ensemble de la classe par mon professeur, qui précisa que je venais de Lille. La première question que mes camarades de classe me posèrent fut : *« Tu viens de quelle île ? L'île de Groix, l'île d'Yeu ? »*

Mais non, LILLE, la ville, avec ses façades flamandes, sa grand-place, ses gaufres au sucre, ses moules frites... les balades dominicales dans les marais audomarois ou sur les immenses plages du Nord. J'étais incomprise...

Le dicton était donc vrai : *« Le Nord, te brais quand t'arrives, te brais quand te pars. »* La nostalgie a mis longtemps à s'estomper, et j'ai pu, à chaque fois que j'avais le mal du pays, retrouver les saveurs de mon enfance en cuisinant les recettes familiales que vous découvrirez dans ce livre.

Un autre célèbre dicton nous dit : « *Les gens du Nord ont dans le cœur le soleil qui manque à leur bonheur.* » Cette générosité est également valable pour la cuisine du Nord. C'est avant tout une cuisine de partage, simple, à déguster entre amis ou en famille, sans chichis.

Coût		Difficulté	
€	peu coûteuse	★	très simple
€€	raisonnable	★★	facile
€€€	chère	★★★	élaborée

Sommaire

Dors min p'tit quinquin
(les plats de mon enfance)

«Dors min p'tit quinquin, min p'tit pouchin, min gros rojin, te m'fras de chagrin, chi te n'dors pas ch'qu'à d'main.»

Dors mon enfant, mon petit poussin, mon gros raisin, tu me feras du chagrin si tu ne dors pas jusqu'à demain.
Petite comptine que ma grand-mère chante encore à ce jour.

salade de chou rouge

4 personnes - Préparation : 20 minutes - Cuisson : 10 minutes - Coût : € - Difficulté : ★

2 œufs
1 chou rouge
4 filets de hareng fumé
2 échalotes
1/2 botte de persil
3 cuil. à soupe d'huile de noix
1 cuil. à soupe de vinaigre de vin
50 g de cerneaux de noix
Sel, poivre.

Faites cuire les œufs pendant 10 minutes dans une casserole d'eau bouillante, laissez-les refroidir avant de les écaler et de les couper en deux.

Supprimez les premières feuilles du chou ainsi que sa base. Détaillez le chou en fines lamelles. Coupez les filets de hareng en petits tronçons.

Pelez et émincez les échalotes, lavez et ciselez le persil. Dans le saladier, mélangez l'huile de noix, le vinaigre, du sel et du poivre. Versez tous les ingrédients à l'exception des œufs durs et mélangez.

Servez la salade avec les moitiés d'œufs durs.

potjevleesch

6 personnes - Préparation : 45 minutes - Marinade : 24 heures - Cuisson : 3 heures - Coût : €€ - Difficulté : ★★★

1/2 lapin
200 g d'échine de porc désossée
2 escalopes de poulet
200 g de jarret de veau
5 gousses d'ail
2 branches de céleri
3 branches de thym
3 feuilles de laurier
2 cuil. à soupe de baies de genièvre
1 cuil. à soupe de baies de poivre
75 cl de bière brune
2 carottes
3 feuilles de gélatine.

Détachez la chair du lapin. Coupez le porc, le poulet et le jarret de veau en morceaux. Pelez l'ail, coupez les gousses en deux et retirez les germes.

Lavez le céleri et détaillez les branches en petits morceaux. Dans un saladier, mélangez l'ail, le céleri, le thym, le laurier, les baies de genièvre et de poivre. Versez les morceaux de viande, mélangez et couvrez de bière. Laissez mariner pendant 24 heures en remuant toutes les 6 heures environ.

Épluchez les carottes et coupez-les en rondelles. Faites ramollir la gélatine dans un bol d'eau froide.

Égouttez la viande. Dans une terrine moyenne, étalez 3 couches de viande en les séparant par une feuille de gélatine ; terminez par une feuille de gélatine. Couvrez de marinade puis répartissez les carottes sur toute la surface de la terrine.

Couvrez la terrine (elle doit être hermétiquement fermée). Faites cuire à 150 °C (th. 5) pendant 3 heures. Laissez refroidir.

Servez froid, avec des frites, des cornichons, de la salade... et un verre de bière !

C'est un plat traditionnel flamand. Potjevleesch *signifie « pot à viande ». Lors des réunions de famille, nous avions l'habitude après les copieux déjeuners qui duraient en moyenne 6 heures, de servir le potjevleesch pour le dîner, avec des frites et des cornichons... Certes, ce n'était pas léger, mais peu importe quand le plaisir est au rendez-vous !*

gratin de chicons

4 personnes - Préparation : 15 minutes - Cuisson : 40 minutes - Coût : € - Difficulté : ★

8 chicons
20 g de beurre
2 cuil. à soupe de farine
25 cl de lait
8 tranches fines de jambon blanc
60 g d'emmental râpé
Sel, poivre.

Nettoyez les endives et supprimez les premières feuilles. Faites cuire les endives à la vapeur pendant 5 minutes puis réservez.

Dans une casserole, faites fondre le beurre à feu doux puis versez la farine en pluie. Mélangez aussitôt avec une cuillère en bois, jusqu'à ce que le mélange devienne compact et prenne une belle couleur jaune. À feu moyen, ajoutez le lait petit à petit en remuant constamment. Arrêtez la cuisson quand la béchamel nappe la cuillère en bois. Salez et poivrez.

Enroulez chaque endive dans 1 tranche de jambon. Dans un plat à gratin, disposez les endives et nappez-les de béchamel.

Parsemez le plat de fromage râpé et faites cuire au four à 180 °C (th. 6) pendant 20 minutes.

C'est grâce à cette recette que ma mère a séduit mon père... vive les chicons !

tarte au maroilles de ma mère

6 personnes - Préparation : 20 minutes - Cuisson : 40 minutes - Coût : €€ - Difficulté : ★

5 poireaux de taille moyenne
Un quart maroilles *
10 g de beurre
2 cuil. à soupe de crème fraîche épaisse
1 pâte brisée
Sel, poivre.

Lavez les poireaux, supprimez les parties les plus dures. Émincez les poireaux en fines rondelles. Coupez le maroilles en fines tranches, dans le sens de la longueur.

Dans un faitout, faites fondre la moitié du beurre à feu doux puis versez les poireaux. Couvrez et laissez cuire 10 minutes en remuant régulièrement. Ajoutez un peu d'eau si besoin en début de cuisson.

Égouttez le surplus d'eau qu'ont rendu les poireaux. Ajoutez la crème fraîche, salez et poivrez. Mélangez et réservez.

Abaissez la pâte et déposez dans un moule à tarte préalablement beurré. Piquez la pâte avec une fourchette, puis versez les poireaux. Répartissez les morceaux de maroilles sur la tarte.

Faites cuire à 180 °C (th. 6) pendant 25 à 30 minutes**. Servez chaud.

** Il faut dire « un quart maroilles », et non pas « un quart DE maroilles ». Et tant pis si votre crémier ne comprend pas...*

*** Dommage que ce soit un plat d'hiver, parce que vous allez avoir besoin d'ouvrir vos fenêtres en grand pendant la cuisson, voire pendant plusieurs jours.*

salade de pissenlits aux cretons

4 personnes - Préparation : 20 minutes - Cuisson : 30 minutes - Coût : €€ - Difficulté : ★

200 g de pissenlits
2 échalotes
8 petites pommes de terre bintje
2 gousses d'ail
2 tranches de pain de campagne
2 cuil. à soupe d'huile d'olive
200 g de cretons
2 cuil. à soupe d'huile de tournesol ou de colza ou de pépins de raisin
1 cuil. à café de moutarde
1 cuil. à soupe de vinaigre de vin
Sel, poivre.

Lavez et triez les pissenlits. Pelez et émincez les échalotes. Lavez les pommes de terre et faites-les cuire dans un grand volume d'eau salée pendant 25 minutes environ.

Pelez l'ail et écrasez les gousses avec un presse-ail. Coupez les tranches de pain de campagne en morceaux. Dans une poêle, faites chauffer l'huile d'olive à feu moyen et faites-y dorer les morceaux de pain avec l'ail, en remuant constamment avec une spatule. Dès que les croûtons commencent à noircir, versez-les dans un plat pour qu'ils refroidissent.

Vérifiez la cuisson des pommes de terre avec la pointe d'un couteau. Épluchez les pommes de terre et coupez-les en rondelles.

Faites cuire les cretons dans une poêle à sec. Préparez la vinaigrette en mélangeant dans un bol l'huile de votre choix, la moutarde, le vinaigre et une pincée de sel.

Répartissez les pissenlits dans les assiettes, puis les pommes de terre, les cretons et les croûtons. Arrosez de vinaigrette, poivrez et servez.

Et non, le mot « creton » n'est pas une insulte... il s'agit des lardons. Bien que se faire traiter de « lardon » ne soit pas très glorieux.

faluche

4 faluches - Préparation : 30 minutes - Repos : 4 heures 05 minutes - Cuisson : 15 minutes - Coût : € - Difficulté : ★★

15 cl de lait
10 g de levure de boulanger
3 cuil. à soupe d'huile de pépins de raisin
1 cuil. à café de sucre en poudre
1 cuil. à café de sel
500 g de farine.

Faites tiédir le lait dans une casserole à feu doux puis versez-le sur la levure. Délayez la levure puis laissez-la gonfler pendant 5 minutes.

Mélangez le lait à la levure avec 15 cl d'eau tiède, 2 cuillerées à soupe d'huile de pépins de raisin, le sucre et le sel.

Dans un saladier, versez la farine et creusez un puits, versez la préparation liquide en une seule fois et malaxez jusqu'à ce que la pâte ne soit plus collante, pétrissez encore pendant 2 minutes en aérant la pâte.

Formez une boule, couvrez-la d'un torchon propre et laissez reposer pendant 3 heures, à l'abri des courants d'air.

Pétrissez de nouveau la pâte et divisez-la en 4 parts égales. Aplatissez chaque part puis abaissez-les pour former 4 disques (leur hauteur doit être de 1 cm). Laissez reposer 1 heure dans un endroit tiède.

Avant la cuisson, badigeonnez les faluches d'huile de pépins de raisin et saupoudrez de farine.

Faites cuire à 180 °C (th. 6) pendant 15 minutes, les faluches doivent rester très pâles et leur croûte, être très tendre.

Retirez les faluches et laissez-les refroidir sur l'envers.

Que de souvenirs liés à la faluche... tout d'abord celui de mon frère, avec qui j'allais acheter en cachette des faluches à la boulangerie, pour les déguster avec une barre de chocolat à l'heure du goûter. Mais aussi celui du goût et de l'odeur de la levure, qui est intimement lié à la maison dans laquelle j'ai grandi et qui se trouvait à 200 mètres d'une usine de... levure !

tarte à la rhubarbe de ma mère

6 personnes - Préparation : 25 minutes - Repos : 2 heures - Cuisson : 35 minutes - Coût : €€ - Difficulté : ★

1 kg de rhubarbe
170 g de sucre en poudre
1 pâte brisée
20 g de beurre
3 œufs
4 cuil. à soupe de crème fraîche.

Épluchez la rhubarbe et coupez-la en tronçons. Versez la rhubarbe et 100 g de sucre dans un saladier, mélangez et laissez mariner pendant 2 heures.

Abaissez la pâte brisée et déposez-la dans un moule à tarte préalablement beurré. Piquez la pâte avec une fourchette. Égouttez la rhubarbe et répartissez les tronçons sur la tarte.

Dans un bol, battez les œufs avec le reste de sucre et la crème fraîche. Versez la préparation sur les morceaux de rhubarbe.

Faites cuire à 180 °C (th. 6) pendant 35 minutes. Laissez refroidir avant de servir.

tarte à la cassonade

6 personnes - Préparation : 20 minutes - Repos : 30 minutes - Cuisson : 30 minutes
Coût : € - Difficulté : ★

> Pour la pâte :
1 œuf
200 g de farine
100 g de beurre
75 g de sucre en poudre.

> Pour la garniture :
200 g de cassonade
2 œufs
15 g de beurre doux fondu
25 cl de bière blonde.

Préparez la pâte : mélangez l'œuf, la farine, le beurre et le sucre. Formez une boule et laissez reposer 30 minutes. Abaissez la pâte et déposez-la dans un plat à tarte préalablement beurré.

Répartissez la cassonade sur la pâte. Dans un saladier, battez les œufs avec le beurre fondu puis versez la bière et mélangez. Versez la préparation délicatement sur la cassonade.

Faites cuire à 240 °C (th. 8) pendant 30 minutes, jusqu'à ce que la tarte soit dorée.

gaufres * sèches

8 personnes - Préparation : 20 minutes - Repos : 2 heures - Cuisson : 20 minutes - Coût : € - Difficulté : ★★

500 g de beurre
4 œufs
500 g de vergeoise blonde
1 kg de farine
10 cl de rhum
Sel.

Faites fondre le beurre à feu doux. Séparez les blancs des jaunes d'œufs. Battez les blancs en neige avec une pincée de sel.

Dans un saladier, mélangez le beurre fondu et les jaunes d'œufs puis incorporez la vergeoise. Versez la farine en pluie et le rhum, fouettez jusqu'à ce qu'il n'y ait plus de grumeaux. Incorporez délicatement les blancs en neige. Laissez reposer la pâte pendant 2 heures.

Divisez la pâte en boules de 20 g environ et formez des boudins.

Faites cuire les gaufres en utilisant la plaque « gaufrettes » de votre gaufrier.

** Prononcez « gofre » et surtout pas « gôfre » si vous voulez vous faire passer pour un Ch'timi.*

Cuisine à la bière

(on ne fait pas que la boire, on la cuisine aussi)

«Quind un Ch'timi i'est'à l'agonie, savez vous bin che qui li rind la vie ? I bot un d'mi.»

Quand un Ch'ti est à l'agonie,
savez-vous ce qui lui rend la vie ?
Il boit un demi !

soupe à la betterave

6 personnes - Préparation : 40 minutes - Cuisson : 25 minutes - Coût : €€ - Difficulté : ★★

2 poireaux
2 carottes
2 pommes de terre
4 petits navets
1 betterave crue
1 l de bouillon de volaille
1 l de bière blonde
150 g de poitrine fumée
6 biscottes
2 jaunes d'œufs
2 cuil. à soupe de crème fraîche épaisse
Sel, poivre.

Lavez et émincez les poireaux en rondelles, après avoir supprimé les parties les plus dures. Épluchez les carottes, les pommes de terre, les navets et la betterave, coupez les légumes en cubes, à l'exception des carottes, que vous couperez en rondelles.

Portez le bouillon de volaille et la bière à ébullition dans un faitout puis plongez les légumes et laissez cuire 20 minutes.

Détaillez la poitrine fumée en morceaux et faites-les revenir dans une poêle jusqu'à ce qu'ils soient dorés. Dans un bol, fouettez les jaunes d'œufs avec la crème fraîche, du sel et du poivre.

Mixez la soupe si vous le souhaitez puis incorporez le mélange à base de crème fraîche afin de lier la soupe. Mélangez énergiquement.

Déposez une biscotte et quelques morceaux de poitrine dans chaque assiette à soupe et couvrez de soupe.

Si vous utilisez de la betterave cuite, incorporez-la 5 minutes avant la fin de la cuisson des autres légumes.

welsh

4 personnes - Préparation : 15 minutes - Cuisson : 25 minutes - Coût : € - Difficulté : ★★

4 tranches de pain de campagne
4 tranches de jambon blanc ou 8 tranches de bacon
800 g de cheddar
15 cl de bière blonde
1 cuil. à soupe de moutarde
1 noix de beurre
4 œufs
Sel, poivre.

Dans 4 assiettes à soupe (pouvant aller au four), déposez 1 tranche de pain de campagne et recouvrez-la de 1 tranche de jambon blanc ou de 2 tranches de bacon préalablement grillées.

Coupez le cheddar en dés et versez-le dans une casserole. Faites fondre le cheddar à feu doux, en remuant constamment.

Quand le fromage a complètement fondu, ajoutez la bière et mélangez intimement puis ajoutez la moutarde.

Versez la préparation sur les assiettes, et faites cuire aussitôt au four à 180 °C (th. 6) pendant 15 minutes.

Faites fondre le beurre dans une poêle et faites-y cuire les œufs au plat, salez et poivrez.

Déposez les assiettes à soupe sur une assiette plate, déposez 1 œuf au plat sur chaque welsh et dégustez aussitôt avec une bière bien fraîche.

carbonnade de bœuf à la bière

6 personnes - Préparation : 45 minutes - Cuisson : 3 heures - Coût : €€ - Difficulté : ★★

800 g de gîte de bœuf
3 oignons
500 g de champignons de Paris
le jus de 1 citron
2 cuil. à soupe d'huile de pépins de raisin
2 cuil. à soupe de moutarde
2 tranches de pain de campagne
1 l de bière
1 bouquet garni
1 cuil. à soupe de cassonade
Sel, poivre.

Coupez le bœuf en morceaux. Pelez et coupez les oignons en rondelles. Nettoyez les champignons et coupez-les en quatre. Arrosez-les de jus de citron.

Faites chauffer la moitié de l'huile dans une poêle et faites dorer les morceaux de viande 1 à 2 minutes de chaque côté. Retirez la viande.

Dans la même poêle, versez le reste de l'huile et faites revenir les oignons jusqu'à ce qu'ils deviennent transparents.

Étalez la moutarde sur les tranches de pain de campagne et déposez-les au fond d'un faitout. Répartissez les morceaux de viande puis les oignons. Versez la bière puis 25 cl d'eau, ajoutez le bouquet garni, saupoudrez de sel, de poivre et de cassonade.

Portez à ébullition 1 minute puis réduisez le feu et laissez mijoter 2 heures à feu doux. Versez les champignons, couvrez et laissez cuire 30 minutes.

Servez avec des carottes ou des poireaux à la crème.

lapin à la bière de ma grand-mère

6 personnes - Préparation : 35 minutes - Cuisson : 55 minutes - Coût : €€ - Difficulté : ★★

4 gousses d'ail
2 petits oignons jaunes
12 pommes de terre
1 lapin coupé en morceaux
30 g de farine
15 g de beurre
1 cuil. à soupe d'huile d'olive (ce n'est pas dans la recette d'origine mais c'est meilleur pour la santé)
12 pruneaux
50 à 75 cl de bière
Sel, poivre.

Pelez les gousses d'ail et coupez-les en deux. Pelez et émincez les oignons. Épluchez les pommes de terre et coupez-les en deux.

Farinez les morceaux de lapin et éliminez le surplus de farine en les tapotant.

Dans un grand faitout, faites fondre à feu moyen le beurre avec l'huile d'olive. Faites dorer les morceaux de lapin de chaque côté pendant 3 à 5 minutes. Retirez les morceaux de lapin et réservez-les sur une assiette.

Versez sans attendre les oignons et réduisez le feu. Faites cuire 3 minutes en remuant sans arrêt. Déposez successivement des morceaux de lapin et de pomme de terre, l'ail et les pruneaux. Salez, poivrez et couvrez de bière.

Augmentez le feu jusqu'à ébullition, puis couvrez, réduisez le feu et laissez mijoter 45 minutes en retournant les morceaux toutes les 15 minutes.

J'avoue que ma grand-mère mettait beaucoup plus de beurre dans sa recette... mais on peut avoir un cœur de Ch'ti et faire attention à sa santé !

filet mignon à la bière

4 personnes - Préparation : 20 minutes - Cuisson : 1 heure - Coût : €€ - Difficulté : ★★★

150 g de lardons
4 cuil. à soupe de fond de volaille
33 cl de bière blonde
1 cuil. à soupe de sucre roux
1 filet mignon de porc (entre 300 et 400 g)
10 g de beurre
3 cuil. à soupe de crème fraîche
Poivre.

Faites revenir les lardons dans une poêle à sec. Diluez le fond de volaille dans 10 cl d'eau et versez-le sur les lardons. Ajoutez la bière et le sucre ; laissez réduire de moitié.

Placez le filet mignon dans une cocotte ou un faitout avec le beurre et faites-le dorer sur chaque côté. Versez la sauce aux lardons et à la bière, poivrez. Laissez cuire 25 minutes, en retournant le filet mignon toutes les 5 minutes. Ajoutez 1 à 2 cuillerées à soupe d'eau si le fond de sauce attache.

Retirez le filet mignon et placez-le sur un plat, coupez-le en tranches. Versez la crème fraîche dans la cocotte et mélangez-la à la sauce aux lardons. Remuez bien et laissez chauffer à feu doux.

Servez la viande nappée de sauce.

Accompagnez de légumes.

coq à la bière

6 personnes - Préparation : 45 minutes - Cuisson : 1 heure 20 minutes - Coût : €€€ - Difficulté : ★★★

1 coq fermier avec son foie
2 échalotes
500 g de champignons de Paris
15 g de farine
40 g de beurre
5 cl de Picon
1 l de bière brune
20 cl de crème fraîche épaisse
Sel, poivre.

Demandez à votre boucher de couper le coq en morceaux, réservez le foie.

Pelez et émincez les échalotes. Nettoyez les champignons et coupez-les en quatre.

Farinez les morceaux de coq. Dans un grand faitout, faites fondre les deux tiers du beurre et faites revenir les morceaux de coq 3 minutes de chaque côté, jusqu'à ce qu'ils soient bien dorés. Retirez les morceaux.

Versez le reste de beurre et faites-le fondre, en grattant le fond du faitout avec une spatule. Ajoutez les échalotes et faites-les revenir 2 minutes, puis versez les champignons et poursuivez la cuisson 5 à 7 minutes, jusqu'à ce que les champignons aient réduit de moitié.

Déposez les morceaux de coq, versez le Picon et couvrez de bière, portez à ébullition puis réduisez le feu et laissez mijoter pendant 1 heure.

Retirez les morceaux de coq et les champignons, réservez-les au chaud.

Augmentez le feu et faites réduire le jus de cuisson. Faites cuire le foie du coq à la vapeur pendant 5 minutes, hachez-le finement.

Hors du feu, versez le foie et la crème fraîche, salez et poivrez et mixez la sauce à l'aide d'un mixeur plongeant. Ajoutez les champignons et mélangez.

Servez les morceaux de coq avec la sauce et quelques légumes.

gaufres à la bière

6 personnes - Préparation : 15 minutes - Repos : 2 heures 05 minutes - Cuisson : 25 minutes
Coût : € - Difficulté : ★

40 cl de lait
15 g de levure de boulanger
50 g de beurre
3 œufs
500 g de farine
40 g de vergeoise blonde
40 cl de bière blonde
5 cl de rhum
Cassonade
Sel.

Faites tiédir 10 cl de lait dans une casserole. Dans un verre, délayez la levure avec le lait tiède et laissez gonfler 5 minutes.

Faites chauffer le reste du lait à feu moyen avec le beurre, jusqu'à ce que ce dernier ait fondu, en veillant à ce que le lait ne bouille pas.

Battez les jaunes d'œufs avec la farine, une pincée de sel, la vergeoise et la levure. Versez le lait et la bière petit à petit en fouettant. Ajoutez le rhum.

Battez les blancs d'œufs en neige et incorporez-les délicatement à la préparation. Laissez reposer la pâte pendant 2 heures, elle doit doubler de volume.

Faites cuire les gaufres 4 minutes dans un gaufrier. Saupoudrez de cassonade avant de déguster.

crêpes de ma tante Martine

4 personnes - Préparation : 10 minutes - Repos : 30 minutes - Cuisson : 25 minutes - Coût : € - Difficulté : ★

50 g de beurre doux
3 œufs
3 cl de rhum
50 cl de bière blonde
50 g de sucre en poudre
250 g de farine.

Faites fondre le beurre et laissez-le refroidir.

Dans un blender, versez le beurre fondu, les œufs, le rhum, un quart de la bière, le sucre puis la farine. Mixez jusqu'à ce que la consistance soit homogène.

Ajoutez le reste de la bière, mixez à nouveau quelques secondes. Laissez reposer 30 minutes.

Faites cuire les crêpes dans une poêle antiadhésive (ou avec une noisette de beurre).

Dégustez avec de la cassonade...

La grande cuisine du ch'Nord

«J'in ming'ros su l'tiète d'un teigneux !»

C'est tellement bon que j'en mangerais sur la tête d'un teigneux (quelqu'un de mal coiffé)

velouté de chicons

4 personnes - Préparation : 20 minutes - Cuisson : 30 minutes - Coût : € - Difficulté : ★

600 g de chicons
3 pommes de terre
1 oignon jaune
2 gousses d'ail
1 cuil. à soupe d'huile de pépins de raisin
5 feuilles de sauge
1 l de bouillon de volaille ou de poule
3 cuil. à soupe de crème fraîche
Poivre du moulin.

Lavez et effeuillez les chicons. Épluchez les pommes de terre, coupez-les en morceaux. Pelez et émincez l'oignon et les gousses d'ail.

Dans un faitout, faites chauffer l'huile de pépins de raisin et faites revenir l'oignon et l'ail. Laissez cuire en remuant avec une spatule en bois pendant 2 minutes. Ajoutez les pommes de terre et les endives, mélangez et laissez dorer 2 minutes en remuant.

Versez la sauge et le bouillon. Portez à ébullition et laissez cuire 20 minutes. Mixez la soupe, poivrez et ajoutez la crème fraîche.

Si vous trouvez de la crème aigre, c'est encore meilleur que la crème fraîche.

asperges à la flamande

4 personnes - Préparation : 45 minutes - Cuisson : 35 minutes - Coût : €€ - Difficulté : ★★

2 kg d'asperges
1 cuil. à café de sucre en poudre
125 g de beurre
3 œufs
1 botte de cerfeuil
Sel, poivre.

Pelez les asperges et supprimez les parties les plus filandreuses. Formez 4 bottes d'asperge et assemblez-les avec de la ficelle alimentaire.

Dans un faitout, portez un grand volume d'eau à ébullition avec le sucre et 10 g de beurre. Faites cuire les asperges pendant 20 minutes, puis laissez refroidir les bottes dans un plat à asperges.

Déposez les œufs dans une casserole d'eau froide, portez-la à ébullition et laissez cuire 10 minutes. Laissez refroidir puis écalez les œufs, coupez-les en deux et prélevez le jaune d'œuf. Coupez les blancs d'œufs en brunoise.

Lavez et ciselez le cerfeuil. Faites fondre le reste de beurre dans une casserole, ajoutez les jaunes d'œufs, du sel et du poivre. Mélangez jusqu'à ce que la sauce soit homogène puis incorporez la moitié du cerfeuil.

Déficelez les bottes d'asperge, répartissez-les dans 4 assiettes, nappez de sauce, saupoudrez de dés de blanc d'œuf et du reste de cerfeuil.

salade de pissenlit et croustillants au vieux-lille

4 personnes - Préparation : 35 minutes - Cuisson : 6 minutes - Coût : €€ - Difficulté : ★★★

4 poignées de pissenlit
100 g de noix
1 échalote
2 cuil. à soupe d'huile de noix
1 cuil. à soupe de vinaigre de noix
50 g de chapelure
2 œufs
250 g de vieux-lille
4 cuil. à soupe d'huile d'olive ou de pépins de raisin
Sel, poivre.

Lavez et triez les pissenlits, répartissez la salade dans 4 assiettes. Concassez grossièrement la moitié des noix et répartissez-les sur le lit de pissenlit.

Pelez et émincez l'échalote. Préparez la vinaigrette en mélangeant l'huile de noix, le vinaigre, l'échalote, du sel et du poivre. Réservez.

Broyez le reste des noix et mélangez la poudre de noix avec la chapelure dans une assiette creuse. Battez les œufs. Coupez le vieux-lille en 12 parts.

Faites chauffer l'huile d'olive dans une poêle. Quand l'huile est chaude, trempez les morceaux de vieux-lille dans le mélange d'œuf battu, puis dans le mélange de poudre de noix et de chapelure. Faites cuire 2 à 3 minutes de chaque côté.

Arrosez la salade de vinaigrette et déposez 3 morceaux de vieux-lille sur chaque assiette. Servez aussitôt.

Attention, si vous n'aimez pas le maroilles, vous ne risquez pas d'aimer le vieux-lille, dont le goût est un peu plus fort. Ce fromage se fait aussi appeler le « puant de Lille ». Réservé aux amateurs.

waterzoï de poisson

6 personnes - Préparation : 45 minutes - Cuisson : 30 minutes - Coût : €€ - Difficulté : ★★

200 g de saumon
200 g de congre
200 g de rascasse
200 g de lotte
3 carottes

4 branches de céleri
2 poireaux
20 g de beurre
25 cl de fumet de poisson

25 cl de crème fraîche épaisse
2 jaunes d'œufs
Noix de muscade
Sel, poivre.

Supprimez les peaux et les arêtes des poissons, coupez les poissons en tronçons.

Lavez les légumes, pelez les carottes et le céleri. Coupez les poireaux et les carottes en rondelles. Émincez le céleri en petits morceaux.

Faites fondre le beurre dans un faitout puis versez les carottes, le céleri et les poireaux. Versez 10 cl d'eau, mélangez, couvrez et faites cuire 15 minutes à feu doux.

Déposez délicatement les morceaux de poissons, couvrez de fumet de poisson et poivrez. Portez à ébullition puis réduisez le feu et laissez mijoter pendant 10 minutes.

Mélangez la crème fraîche et les jaunes d'œufs avec une pincée de sel. Hors du feu, versez cette préparation dans le waterzoï en mélangeant immédiatement pour que les jaunes d'œufs ne cuisent pas.

Servez dans des assiettes à soupe et saupoudrez de muscade râpée.

blanquette de saint-pierre et de hénons

6 personnes - Préparation : 30 minutes - Repos : 12 heures - Cuisson : 30 minutes - Coût : €€€ - Difficulté : ★★

500 g de hénons*
100 g de champignons de Paris
2 carottes
10 g de beurre
50 cl de fumet de poisson
800 g de saint-pierre
Le jus de 1/2 citron
10 cl de crème fraîche épaisse
1 jaune d'œuf
Sel, poivre.

Plongez les hénons dans un saladier d'eau salée pendant 12 heures, en les changeant d'eau toutes les 3 heures. Rincez abondamment les hénons.

Nettoyez les champignons et coupez-les en quatre ; épluchez les carottes et coupez-les en rondelles. Dans une casserole, faites revenir les champignons et les carottes avec le beurre, à feu moyen, pendant 10 minutes.

Dans un faitout, portez le fumet de poisson à ébullition, pochez les saint-pierres pendant 7 à 10 minutes selon leur épaisseur.

Ajoutez les hénons, les champignons et les carottes, mélangez délicatement et laissez cuire pendant 5 minutes.

Égouttez les poissons, les hénons et les légumes ; réservez au chaud. Décortiquez les hénons.

Faites réduire le jus de cuisson à feu vif pendant 5 minutes puis filtrez-le. Versez le jus de citron, la crème fraîche et le jaune d'œuf en fouettant vigoureusement. Servez la sauce séparément.

** C'est le petit nom que l'on donne aux coques en Picardie.*

cabillaud à la flamande

4 personnes - Préparation : 30 minutes - Cuisson : 20 minutes - Coût : €€€ - Difficulté : ★★

4 brins de persil
8 brins de ciboulette
6 brins de cerfeuil
2 échalotes

100 g de beurre
1 citron non traité
100 g de mie de pain
1 cuil. à soupe d'huile

4 pavés de cabillaud
20 cl de fumet de poisson
Sel, poivre.

Lavez et essorez les fines herbes. Pelez les échalotes. Émincez finement les échalotes et les fines herbes. Incorporez les échalotes et la moitié des fines herbes dans 25 g de beurre.

Coupez le citron en rondelles, détaillez la mie de pain en petits morceaux.

Dans un plat huilé, déposez les pavés de cabillaud. Répartissez le beurre à l'échalote et aux fines herbes sur chaque pavé. Saupoudrez de mie de pain, arrosez de fumet de poisson et répartissez les rondelles de citron.

Faites cuire à 180 °C (th. 6) pendant 20 minutes. Retirez les rondelles de citron et déposez les pavés sur un plat, remettez-le dans le four éteint.

Filtrez le jus de cuisson et versez-le dans une casserole. Ajoutez le reste de beurre froid et fouettez jusqu'à ce que la sauce soit homogène. Incorporez le reste des fines herbes.

Servez les pavés de cabillaud avec la sauce et une julienne de légumes.

Cabillaud à la flamande (p. 47)

caudière à la boulonnaise

6 personnes - Préparation : 45 minutes - Cuisson : 35 minutes - Coût : €€€ - Difficulté : ★★

2 blancs de poireau
3 oignons
2 carottes
400 g de pommes de terre bintje
1 gousse d'ail
2 petits maquereaux
400 g de cabillaud en tranche
1 filet de merlan
40 g de beurre
10 cl de vin blanc
1 feuille de laurier
1 branche de thym
150 g de moules décortiquées
4 biscottes
Sel, poivre.

Lavez et épluchez les légumes. Coupez les poireaux, les oignons et les carottes en fines rondelles. Pelez et écrasez l'ail avec un presse-ail. Coupez les pommes de terre en cubes. Videz les maquereaux et levez les filets. Coupez les filets de poisson en gros morceaux.

Faites fondre 20 g de beurre dans une cocotte puis versez les oignons et les poireaux, faites-les revenir pendant 2 minutes. Versez le vin blanc et poursuivez la cuisson jusqu'à ce que le vin se soit évaporé. Ajoutez le reste de beurre, les carottes, l'ail, le thym et le laurier.

Prolongez la cuisson 5 minutes en remuant, avant d'ajouter les pommes de terre. Couvrez d'eau et portez à ébullition. Salez et poivrez. Laissez cuire 10 minutes à gros bouillons puis réduisez le feu.

Déposez les morceaux de cabillaud et laissez cuire 2 minutes avant d'ajouter les morceaux de maquereau et de merlan. Poursuivez la cuisson 5 minutes puis versez les moules.

Portez à ébullition pendant 2 minutes. Servez les poissons et les légumes dans des assiettes creuses, disposez le bouillon dans des bols avec une biscotte écrasée.

waterzoï de volaille

6 personnes - Préparation : 1 heure - Cuisson : 1 heure 10 minutes - Coût : €€ - Difficulté : ★★★

1 poularde
2 tranches de poitrine
2 oignons jaunes
5 carottes
3 poireaux
4 branches de céleri
15 g de beurre
2 cuil. à soupe de farine
2 jaunes d'œufs
20 cl de crème fraîche liquide
5 cl de jus de citron
1 cuil. à soupe de baies de poivre noir ou blanc
Sel.

Coupez la poularde en morceaux. Dans un faitout, faites revenir les tranches de poitrine jusqu'à ce qu'elles soient bien dorées. Versez 1,5 l d'eau, grattez le fond du faitout avec une spatule. Ajoutez 1 cuillerée à café de sel, le poivre et portez à ébullition pendant 5 minutes.

Pelez les oignons et coupez-les en deux. Déposez délicatement les morceaux de poularde et d'oignon dans le faitout, faites cuire pendant 20 minutes.

Épluchez les carottes, nettoyez les poireaux. Lavez le céleri et détaillez les branches en tronçons de 10 cm. Versez les légumes dans le faitout et prolongez la cuisson pendant 20 minutes.

Prélevez les morceaux de poularde et les légumes, supprimez l'oignon et la poitrine. Filtrez le bouillon afin de retirer les baies de poivre. Coupez les carottes et les poireaux en rondelles, détaillez le céleri en petits morceaux. Supprimez la peau de la poularde.

Dans une casserole à feu moyen, faites fondre le beurre puis versez la farine. Mélangez avec une spatule et poursuivez la cuisson jusqu'à ce que le mélange devienne roux. Incorporez le bouillon petit à petit. Quand le roux est dilué dans le bouillon, portez à ébullition pendant 3 minutes. Déposez les morceaux de poularde et les légumes dans le bouillon.

Dans un bol, fouettez les jaunes d'œufs avec la crème fraîche. Versez ce mélange dans le faitout et mélangez aussitôt. Ajoutez le jus de citron, mélangez encore une fois et servez immédiatement.

hochepot à la flamande

6 personnes - Préparation : 45 minutes - Cuisson : 1 heure 40 minutes - Coût : €€ - Difficulté : ★★

100 g de poitrine de porc
600 g d'épaule d'agneau
1 oignon
200 g de travers de porc
10 g de beurre
4 pommes de terre
3 poireaux
3 carottes
1/4 de chou vert ou 300 g de choux de Bruxelles
Sel, poivre.

Coupez la poitrine de porc et l'épaule d'agneau en morceaux. Pelez l'oignon et émincez-le finement.

Dans un grand faitout, faites revenir l'oignon et les morceaux de viande dans le beurre. Quand les morceaux de viande sont colorés sur toutes leurs faces, versez 50 cl d'eau, couvrez et laissez cuire à feu doux pendant 45 minutes.

Épluchez les pommes de terre et les carottes, lavez les poireaux et ne conservez que les blancs. Détaillez les légumes en petits morceaux.

Versez les légumes dans le faitout, mélangez, couvrez et laissez cuire de nouveau 45 minutes.

Rectifiez l'assaisonnement et servez.

Dans la recette traditionnelle, vous trouverez à la place des travers de porc et de la poitrine 200 g d'oreilles de porc, 400 g de pieds de porc, 100 g de queue de porc.

Dans la peau d'un Ch'ti

«Aveuc des resses, on s'eingraisse»

Avec les restes, on s'engraisse

soupe à l'oignon

8 personnes - Préparation : 20 minutes - Cuisson : 45 minutes - Coût : € - Difficulté : ★

500 g d'oignons
4 gousses d'ail
30 g de beurre
30 g de farine
Un quart maroilles
8 biscottes
Sel, poivre.

Pelez les oignons et les gousses d'ail. Coupez les oignons en rondelles, écrasez l'ail avec un presse-ail.

Dans un faitout, faites fondre le beurre puis ajoutez les oignons et l'ail, salez et poivrez. Remuez et poursuivez la cuisson pendant 10 minutes.

Hors du feu, versez la farine en pluie et mélangez, versez 2 l d'eau froide et portez à ébullition. Laissez cuire pendant 15 minutes.

Coupez le maroilles en morceaux et versez les morceaux dans la soupe, poursuivez la cuisson pendant 15 minutes.

Répartissez une biscotte dans chaque bol et servez la soupe à l'oignon.

Mi, ch'est nin mes oignons. (moi, c'est pas mes oignons).

soupe flamande

6 personnes - Préparation : 35 minutes - Cuisson : 50 minutes - Coût : € - Difficulté : ★

500 g de pommes de terre
4 navets
4 poireaux
4 tranches de pain de campagne rassis ou 8 biscottes
1 cube de bouillon de poule
1/2 botte de persil
1 jaune d'œuf
Sel, poivre.

Épluchez les pommes de terre et les navets, coupez-les en dés. Lavez les poireaux, supprimez les premières feuilles et les parties vertes. Émincez finement les blancs de poireau. Émiettez les tranches de pain de campagne.

Portez 50 cl d'eau à ébullition avec le cube de bouillon de poule. Versez les légumes et les morceaux de pain. Salez et poivrez, couvrez et laissez cuire 45 minutes à feu moyen.

Lavez et ciselez le persil. Dans un bol, mélangez le jaune d'œuf et 5 cl de bouillon, puis versez la préparation dans la soupe. Mélangez, et servez. Saupoudrez de persil.

Vous pouvez ajouter une noix de beurre dans chaque bol.

maroufletté

6 personnes - Préparation : 15 minutes - Cuisson : 45 minutes - Coût : €€ - Difficulté : ★★

1 kg de pommes de terre
2 gousses d'ail
3 oignons
50 g de beurre (n'hésitez pas à remplacer la moitié du beurre par de l'huile d'olive)
200 g de lardons fumés
1 maroilles entier
Sel, poivre.

Épluchez les pommes de terre et faites-les cuire entières à la vapeur ou à l'autocuiseur. Laissez refroidir les pommes de terre puis coupez-les en rondelles. Pelez et émincez l'ail et l'oignon.

Dans un grand faitout, faites fondre le beurre (avec l'huile d'olive), versez les pommes de terre, les oignons et l'ail, faites revenir en remuant constamment avec une spatule pendant 10 minutes.

Dans une poêle*, faites revenir les lardons jusqu'à ce qu'ils soient dorés puis égouttez-les sur du papier absorbant. Mélangez les lardons avec les pommes de terre rissolées et versez le tout dans un plat à gratin.

Coupez le maroilles en deux et déposez chaque moitié sur le plat, en orientant la croûte vers le haut.

Faites griller au four, à 200 °C (th. 6-7), pendant 5 à 7 minutes.

Dégustez aussitôt, mangez uniquement de la salade verte pendant les 7 jours suivants.

** Prononcez « pouèle » et non pas « poile » comme dans le reste de la France.*

flamiche au maroilles

6 personnes - Préparation : 25 minutes - Repos : 2 heures 10 minutes - Cuisson : 25 minutes - Coût : €€ - Difficulté : ★★

> Pour la pâte :
10 cl de lait
10 g de levure de boulanger
1 cuil. à café de sucre en poudre
20 g de beurre
250 g de farine
1 œuf.

> Pour la garniture
400 g de maroilles
20 cl de crème fraîche
Poivre du moulin.

Faites tiédir le lait dans une casserole. Diluez la levure avec le lait tiède et le sucre. Laissez gonfler 10 minutes. Faites fondre le beurre.

Versez la farine dans un saladier, formez un puits et versez-y l'œuf et le beurre fondu. Mélangez puis ajoutez la levure. Pétrissez et formez une boule. Couvrez le saladier d'un torchon propre et laissez reposer 2 heures.

Beurrez et farinez votre moule à tarte. Posez la boule de pâte et abaissez-la à la main.

Coupez le maroilles en morceaux, répartissez-les sur la pâte. Étalez la crème fraîche et poivrez.

Faites cuire à 200 °C (th. 7) pendant 20 minutes.

Flamiche au maroilles (p. 61)

rata de poireaux

6 personnes - Préparation : 20 minutes - Cuisson : 1 heure - Coût : € - Difficulté : ★

500 g de pommes de terre
5 poireaux de taille moyenne
1 oignon
1 cuil. à soupe d'huile de pépins de raisin
250 g de lardons fumés
2 branches de thym
1 feuille de laurier
2 cuil. à soupe de vinaigre de vin
15 cl de crème fraîche
Sel, poivre.

Épluchez les pommes de terre, coupez-les en morceaux. Lavez les poireaux et détaillez-les en petits tronçons. Pelez et coupez l'oignon en rondelles.
Versez l'huile de pépins de raisin et les oignons dans une cocotte, faites cuire à feu doux jusqu'à ce que l'oignon devienne transparent. Ajoutez les poireaux, les pommes de terre et les lardons. Mélangez et laissez revenir 5 minutes à feu moyen.
Versez 30 cl d'eau, le thym et le laurier, couvrez en décalant légèrement le couvercle de la cocotte. Laissez cuire 45 minutes, remuez régulièrement.

Versez le vinaigre et la crème fraîche, salez et poivrez. Mélangez délicatement et servez.

pommes frites

6 personnes - Préparation : 40 minutes - Cuisson : 25 minutes - Coût : € - Difficulté : ★

1 kg de pommes de terre bintje
3 l d'huile de friture
Sel.

Pelez et rincez les pommes de terre, séchez-les une par une. Coupez les pommes de terre en tranches de 1 cm d'épaisseur. Essuyez chaque tranche avec du papier absorbant. Coupez chaque tranche en bâtonnets de 1 cm.

Faites chauffer l'huile de friture à 160 °C. Faites cuire la moitié des frites pendant 8 minutes, en secouant régulièrement le panier. Égouttez les frites au-dessus de la friteuse puis déposez-les sur du papier absorbant. Faites cuire la seconde moitié de frites de la même façon.

Amenez l'huile de friture à 190 °C. Faites cuire la première moitié des frites pendant 4 minutes, en secouant régulièrement le panier. Égouttez les frites au-dessus de la friteuse puis déposez-les sur du papier absorbant. Faites cuire la seconde moitié de frites de la même façon.

Salez les frites et secouez-les une dernière fois avant de les servir.

Les frites se mangent dans des cornets, c'est comme cela qu'on les sert dans les baraques à frites, petites roulottes qui émaillent nos routes ou qui animent les grands-places de nos villages. Un cornet de frites et une fricadelle, un peu de sauce, et c'est le bonheur assuré des petits et des grands.

moules frites de la braderie de Lille

6 personnes - Préparation : 20 minutes - Cuisson : 35 minutes - Coût : € - Difficulté : ★

3 kg de moules
2 oignons
1/2 botte de persil
10 g de beurre
50 cl de vin blanc.

Nettoyez et brossez les moules. Pelez et émincez les oignons, lavez et ciselez le persil.

Dans un grand faitout, faites revenir les oignons avec le beurre, jusqu'à ce que les oignons deviennent transparents.

Versez les moules, le vin blanc, 25 cl d'eau et les deux tiers du persil haché. Couvrez et faites cuire 30 minutes en remuant toutes les 10 minutes.

Versez le reste de persil, mélangez et servez aussitôt, avec des frites, bien sûr (voir p. 67) !

Le premier week-end de septembre, place à la fameuse braderie de Lille, qui rassemble bradeux (les exposants), curieux, amateurs de troc, de 7 à 77 ans. Après le bain de foule, la tradition veut que tout le monde aille manger des moules frites dans les nombreuses brasseries de la ville. Chaque restaurateur déverse sur son trottoir les coquilles de moule vides et forme un tas... Victoire à celui qui en aura vendu le plus !

papillotes de hareng

4 personnes - Préparation : 20 minutes - Cuisson : 20 minutes - Coût : €€ - Difficulté : ★★

4 harengs entiers
4 échalotes
1/2 botte de cerfeuil
60 g de beurre
Sel, poivre.

Demandez à votre poissonnier d'écailler les harengs et de lever les filets.

Sortez le beurre du réfrigérateur 1 heure à l'avance. Pelez et émincez les échalotes. Lavez et ciselez le cerfeuil. Dans un petit saladier, écrasez à l'aide d'une fourchette le beurre avec les échalotes, le cerfeuil, du sel et du poivre.

Découpez 4 feuilles de papier sulfurisé, placez 1 filet de hareng au centre de chaque feuille. Répartissez la moitié du beurre à l'échalote sur les 4 filets de hareng. Recouvrez avec les 4 filets restants de hareng. Répartissez le reste de beurre à l'échalote.

Fermez les papillotes à l'aide de cure-dents ou d'agrafes. Faites cuire au four à 200 °C (th. 6-7) pendant 15 à 20 minutes selon l'épaisseur des filets.

Accompagnez d'une fricassée de champignons et de riz.

crosnes

4 personnes - Préparation : 5 minutes - Cuisson : 10 minutes - Coût : € - Difficulté : ★

600 g de crosnes
4 cuil. à soupe de gros sel
15 g de beurre
Sel, poivre.

Placez les crosnes dans un torchon propre. Répartissez le gros sel, rabattez les bords du torchon et frottez. Les crosnes sont épluchés. Rincez les crosnes pour enlever les restes de gros sel.

Faites cuire les crosnes à la vapeur pendant 10 minutes, versez-les dans un saladier avec le beurre, salez et poivrez. Mélangez et servez immédiatement.

galuchon

6 personnes - Préparation : 25 minutes - Trempage : 30 minutes - Cuisson : 35 minutes - Coût : € - Difficulté : ★★

150 g de raisins secs
75 g de beurre
500 g de farine
2 sachets de levure chimique
75 g de sucre en poudre
1/2 cuil. à café de cannelle
3 œufs
10 cl de crème fraîche liquide
5 cl de rhum
Sel.

Faites tremper les raisins secs dans un bol d'eau chaude pendant 30 minutes. Faites fondre le beurre.

Mélangez la farine avec la levure, le sucre, la cannelle et une pincée de sel, creusez un puits et versez-y les œufs, la crème fraîche et le rhum.

Pétrissez la pâte jusqu'à ce qu'elle soit élastique et qu'elle ne colle plus aux parois du saladier. Égouttez les raisins secs dans une passette* et incorporez-les à la pâte.

Déposez la pâte dans un moule à manqué préalablement beurré et fariné.

Faites cuire à 180 °C (th. 6) pendant 30 minutes. Laissez refroidir avant de servir.

** C'est un mot qui fait sourire mon amoureux à chaque fois que je le prononce... La passette est un instrument qu'on trouve dans toutes les cuisines. Elle est composée d'un manche et est criblée de petits trous... Vous avez trouvé ?*

tarte flamande aux pommes

ou «flamiche des corons»

6 personnes - Préparation : 35 minutes - Cuisson : 20 minutes - Coût : € - Difficulté : ★★

> Pour le glaçage :
80 g de beurre
3 pommes
100 g de vergeoise
1 œuf.

> Pour la pâte :
2 œufs
3 cuil. à soupe d'huile de pépins de raisin
3 cuil. à soupe de lait
130 g de farine
1 paquet de levure chimique
80 g de sucre en poudre
1 paquet de sucre vanillé.

Sortez le beurre du réfrigérateur pour qu'il ramollisse.

Préparez la pâte : battez les œufs puis ajoutez l'huile et le lait. Incorporez la farine tamisée, la levure, le sucre et le sucre vanillé. Épluchez les pommes et coupez-les en lamelles.

Beurrez généreusement le plat à tarte. Versez la pâte dans le moule puis répartissez les pommes sur la pâte. Faites cuire à 180 °C (th. 6) pendant 20 minutes. Vérifiez la cuisson de la pâte avec la pointe d'un couteau.

Mélangez le beurre avec la vergeoise, ajoutez l'œuf restant et fouettez jusqu'à ce que le mélange soit homogène. Répartissez ce glaçage sur toute la surface de la tarte.

Faites cuire à 180 °C (th. 6) pendant 10 minutes.

Servez froid.

Les corons étaient les quartiers d'habitation des mineurs et des ouvriers. Les maisons en briques qui les composent, petites et uniformes, étaient alignées et formaient ainsi des quartiers où l'entraide et la convivialité régnaient malgré les conditions de vie difficiles.

brioche aux poires

6 personnes - Préparation : 1 heure - Repos : 6 heures 10 minutes - Cuisson : 55 minutes
Coût : € - Difficulté : ★★★

4 œufs
300 g de farine
180 g de beurre
1 gousse de vanille
165 g de sucre en poudre
4 poires Williams
10 cl de lait
10 g de levure de boulanger
Sel.

Sortez les œufs et le beurre du réfrigérateur 2 heures à l'avance.
Fendez la gousse de vanille. Portez 50 cl d'eau à ébullition avec la vanille et 150 g de sucre. Pelez les poires et coupez-les en deux. Plongez les poires dans le sirop et laissez cuire 20 minutes. Égouttez les poires.

Faites tiédir le lait puis délayez la levure dans le lait tiède, laissez gonfler pendant 10 minutes. Mélangez la levure avec un quart de la farine et réservez.

Versez le reste de la farine, le reste de sucre et 2 pincées de sel dans un saladier, formez un puits. Battez les œufs et versez-les dans le puits, mélangez intimement. Incorporez le mélange de farine et de levure en pétrissant la pâte et en l'étirant, jusqu'à ce que la pâte se détache des parois du saladier.

Incorporez le beurre et pétrissez de nouveau pendant 5 minutes. Saupoudrez de farine, couvrez d'un torchon propre et laissez reposer la pâte pendant 3 heures. La pâte doit doubler de volume.

Coupez les poires en lamelles et disposez-les dans un moule à manqué préalablement beurré. Donnez un tour à la pâte et déposez-la dans le moule à manqué. Laissez reposer la pâte 3 heures.

Quand la pâte a doublé de volume (le temps dépend de plusieurs facteurs), rompez-la (donnez un coup de poing dedans pour la dégonfler), déposez-la dans un moule à manqué (beurré et fariné si traditionnel) et laissez repousser à température ambiante.

Faites cuire à 180 °C (th. 6) pendant 30 minutes.

Table des matières

Recettes et textes : Anne-Cécile FICHAUX
Photographies : SAEP/Frédéric PERRIN sous la direction de Jean-Luc SYREN
Photographies paysage : Jean-Luc SYREN
Conception graphique : Crumble**Shop**°
Coordination : SAEP/Éric ZIPPER
Impression : Union Européenne

Dépôt légal 3e trimestre 2008 - n°3466